TRAITÉ

DE

PHOTOGRAPHIE

PAR

J. DUPONT

Photographe

SUIVI DE

NOTIONS SUR LA GALVANOPLASTIE

A PARIS

CHEZ N.-J. PHILIPPART, ÉDITEUR

4 — Rue Honoré-Chevalier — 4

ET DANS LES DÉPARTEMENTS

CHEZ TOUS LES LIBRAIRES

TABLE DES MATIÈRES

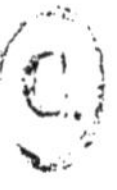

Paris. — Imprimerie Walder, rue Bonaparte, 44.

TRAITÉ PRATIQUE

DE

PHOTOGRAPHIE

PRÉFACE.

La Photographie est l'art d'écrire par la lumière, en d'autres termes le moyen de fixer sur une surface impressionnable au jour les objets qui viennent se refléter sur la glace dépolie d'une chambre noire. Comme des différents procédés de Photographie employés aujourd'hui c'est celui sur collodion qui donne les résultats les plus rapides et les plus complets, nous allons essayer de le décrire en termes que nous tâcherons de rendre bien compréhensibles et en répétant plusieurs fois le même mot dans une phrase, si cela est indispensable à la description d'un tour de main.

Notre intention n'est nullement de faire du style, mais bien d'écrire un petit livre utile dans lequel sera *fidèlement consignée* notre manière d'opérer.

A ceux de nos lecteurs qui auraient pris goût à la Photographie, nous conseillons de se procurer les ouvrages spéciaux écrits sur la matière par MM. Legray, Van Monckoven, Belloc, Brébisson, Barreswil et Davanne. Ils trouveront, dans ces excellents volumes, un historique complet de la photographie, une description détaillée de tous les procédés mis au jour depuis la découverte de Niepce et de Daguerre, ainsi qu'un excellent traité de chimie exclusivement destiné aux Photographes.

COUP D'ŒIL HISTORIQUE.

Vers la fin de l'année 1838, une rumeur étrange se répand dans les cercles scientifiques de Paris et se propage bientôt dans le public : un homme a découvert le moyen de fixer l'image fugitive du miroir; des portraits d'une ressemblance indiscutable sont produits instantanément sans intervention de crayon ni de pinceau; — en un mot, c'est le soleil qui se transforme en artiste.

L'énoncé d'une pareille découverte dut rencontrer beaucoup d'incrédules : en effet, l'esprit ne procède logiquement que du connu à l'inconnu, c'est-à-dire par gradation. Ainsi, on enferme comme fou celui qui proclame la puissance de la vapeur; lorsque, plus tard, cette puissance est reconnue, on se borne à repousser le projet de celui qui veut l'appliquer à la navigation; enfin, lorsque cette application est faite, on trouve tout naturel de faire marcher à la vapeur, sur des rails de fer, de longs convois d'hommes et de marchandises, et la vapeur se prête à toutes les applications, sans exciter le moindre étonnement.

Logiquement donc, la fixation de l'image du miroir, — ce fut longtems la définition populaire de la nouvelle découverte, — logiquement donc, cette permanence de l'image dut soulever des incrédulités d'autant plus enracinées que les savants ne trouvaient rien dans les livres, dans les mémoires, dans les traditions, qui se rapportât à ce nouvel art auquel il paraissait même difficile d'appliquer un nom.

Enfin, le 7 janvier 1839, la découverte se produit devant l'Académie des sciences. Au milieu même du local des séances un membre va se placer devant l'instrument qui doit reproduire instantanément son portrait : pendant quelques secondes une anxiété indicible se manifeste dans l'assemblée; tout à coup l'opérateur étend la main, et l'Académie tout entière se lève pour constater par ses applaudissements la réalité de la découverte.

Ce succès désarma-t il l'incrédulité ? Non. Lorsque Fulton eut conduit le premier bateau à vapeur de New-York à Halifax, les incrédules qui couvraient le pont avaient salué de leurs acclamations le succès qui paraissait désormais devoir être incontestable; et cependant, à peine revenus de leur étonnement, ils dirent froidement à Fulton qu'il avait bien pu les amener à Halifax sur son steamer, mais qu'il lui serait impossible de les ramener à New-York. Un sentiment semblable parut s'emparer de quelques membres de l'Académie : l'opérateur avait pu produire un portrait; réussirait-il pour d'autres? L'on vit alors six ou sept académiciens se présenter successivement devant l'instrument, et à chaque nouvelle épreuve, à chaque nouveau succès, le public, s'unissant à l'admiration de la docte assemblée, battait des mains avec frénésie.

Le nouvel art était né, il s'agissait maintenant de lui créer un état civil, c'est-à-dire de lui donner un nom, et l'opinion publique qui, au seizième siècle, avait donné à la terre découverte par Christophe Colomb le nom de terre d'Amérique, parce que Americo Vespuce avait décrit le premier le nouveau continent, donna au nouvel art le nom de Daguerréotypie, parce que Daguerre avait eu le bonheur de produire la découverte devant l'Académie.

Hâtons-nous d'ajouter que cette comparaison n'est pas cependant complétement exacte; car, si Daguerre ne fut pas l'inventeur véritable, il peut cependant revendiquer la gloire d'avoir contribué pour une large part au perfectionnement de l'idée première, qui est due à Joseph-Nicéphore Niepce, né à Châlon-sur-Saône, le 7 mars 1765.

Un savant suédois, le chimiste Schècle, avait trouvé, vers 1655, que l'argent corné (la lune cornée des alchimistes, le chlorure d'argent des chimistes modernes) jouit de la propriété de noircir à la lumière du soleil d'autant plus vite que les rayons qui le frappent ont plus d'intensité. Schècle avait ainsi constaté qu'une feuille de papier blanc enduite de chlorure d'argent passe peu à peu du blanc au noir, si on l'expose aux rayons solaires, mais cette découverte n'avait eu aucun résultat pratique, et c'est par hasard qu'on en a retrouvé la mention en feuilletant, il y a quelques années, des mémoires académiques du dix-septième siècle.

Ce n'est pas dans des mémoires scientifiques que Niepce avait puisé l'idée première de sa découverte. Après avoir passé quelques années dans la vie militaire, une maladie épidémique l'avait forcé de changer de carrière : le 30 brumaire an III, il avait été nommé administrateur du district de Nice (comme aujourd'hui, Nice appartenait alors à la France), et il avait conservé ces fonctions jusqu'en 1801, époque à laquelle il y renonça pour revenir dans sa ville natale.

Pendant quelques années, Niepce s'associa à son frère aîné pour des travaux de mécanique, puis ils s'occupèrent de la culture du pastel dont ils parvinrent à extraire une fécule colorante pour laquelle les deux Niepce obtinrent en 1811 des encouragements du gouvernement.

Cependant l'invention de la lithographie parut ouvrir à l'esprit de Nicéphore Niepce de nouveaux horizons : il avait voulu, lui aussi, s'exercer dans cet art; mais, les pierres lithographiques étant fort coûteuses à cette époque, il avait essayé de les remplacer par d'autres pierres qu'il enduisait de divers vernis, dans l'espoir de les rendre propres à recevoir l'écriture. « L'homogénéité (1) de ces pierres étant « imparfaite, il en résultait des inégalités dans l'action des « acides. Mais Niepce n'était pas homme à s'arrêter devant « ces difficultés. Elles le conduisirent seulement à chercher « une autre substance plus homogène. Alors il essaya « l'étain. Puis, vers 1813, il lui prit fantaisie de remplacer le « crayon lithographique comme il avait remplacé la pierre, « et alors une idée étrange, impossible, s'empara de lui : il « voulut que ce fût la lumière qui fît elle-même le dessin. « Dès ce moment il n'eut plus d'autre pensée. Qu'on se « figure maintenant cet homme relégué au fond d'une pro- « vince, loin de tous les conseils et de tous les enseigne- « ments, réduit à ses propres moyens, livré à une idée sans « cesse présente, qui ressemblait à de la folie, voulant fixer « l'image sur le miroir, faire un dessin avec un rayon de « soleil ! »

Nous ne suivrons pas Niepce dans ses essais, nous dirons seulement qu'en 1822 il obtenait déjà sur étain poli ou sur verre des copies fidèles de gravures à l'aide d'un vernis bitumineux qu'il avait composé, et que vers 1824 il par-

(1) Nous avons emprunté beaucoup de détails sur la vie de Nicéphore Niepce à une série de travaux de M. Ernest Lacan, qui ont paru dans le *Moniteur* et dans le journa spécial la *Lumière*.

vint, pour la première fois, à fixer sur un écran préparé une image de la chambre noire.

Les premiers rapports entre Niepce et Daguerre ne commencèrent que deux ou trois années après ce premier succès définitif. Daguerre avait écrit à Niepce qu'il s'occupait de recherches ayant le même objet que les siennes, ajoutant qu'il avait obtenu déjà des résultats étonnants, et finissant cependant par demander « si la chose lui paraissait possible. » Malgré l'incohérence de cette lettre, Niepce avait répondu, et, lorsqu'il fit, en 1829, un voyage à Paris, il alla voir Daguerre dont le *Diorama*, basé sur les effets de la chambre noire, obtenait un grand succès. Cette visite fit comprendre à Niepce que c'était l'infériorité de sa chambre noire qui entravait ses progrès et il n'hésita pas à proposer une association à Daguerre qui avait apporté de grands perfectionnements à cet appareil.

L'acte qui fut signé pour cette association est trop important pour que nous n'en rapportions pas au moins les principaux articles, les articles qui démontrent que Daguerre reconnaissait lui-même que c'est Niepce qui est l'inventeur de la découverte qui devait plus tard porter le nom de Daguerre.

« Entre les soussignés Joseph-Nicéphore Niepce, etc., et Louis-Jacques-Mandé Daguerre, etc.

« M. Niepce a découvert le moyen de reproduire spontanément les images reçues dans la chambre noire.

« M. Daguerre, auquel il a fait part de sa découverte, en ayant apprécié tout l'intérêt, d'autant mieux qu'elle est susceptible d'un grand perfectionnement, offre à M. Niepce de s'adjoindre à lui pour parvenir à ce perfectionnement, et de s'associer pour retirer tous les avantages possibles de ce nouveau genre d'industrie. Cet exposé fait, les sieurs comparants ont arrêté entre eux de la manière suivante les statuts provisoires et fondamentaux de leur association :

« Art. 1er. Il y aura, entre MM. Niepce et Daguerre, société, sous la raison de commerce *Niepce-Daguerre*, pour coopérer au perfectionnement de ladite découverte, *inventée* par M. Niepce et *perfectionnée* par M. Daguerre.

« Art. 2. En cas de décès de l'un des deux associés, ladite découverte ne pourra jamais être publiée que sous les deux noms désignés dans l'article précédent.

« Art. 3. Aussitôt après la signature du présent traité, M. Niepce devra confier à M. Daguerre, sous le sceau du secret, qui devra être conservé à peine de tous dépens, etc., le principe sur lequel repose sa découverte, et lui fournir les documents les plus exacts et les plus circonstanciés sur la nature, l'emploi et les différents modes d'application des procédés qui s'y rattachent...

« Art. 4. M. Daguerre s'engage, sous les susdites peines, à garder le plus grand secret, tant sur le principe fondamental de la découverte que sur la nature, l'emploi et les applications des procédés qui lui seront communiqués, et à coopérer, autant qu'il lui sera possible, aux améliorations jugées nécessaires, par l'utile intervention de ses lumières et de ses talents.

« Art. 5. M. Niepce met et abandonne à la Société, à titre de mise, son *invention*, représentant la valeur de la moitié des produits dont elle est susceptible, et M. Daguerre *apporte une nouvelle combinaison de chambre noire*, ses talents et son industrie, équivalant à l'autre moitié des susdits produits.

« Art. 13. Les améliorations et perfectionnements apportés à ladite découverte, ainsi que les perfectionnements apportés à la chambre noire, seront et demeureront acquis au profit des deux associés, qui, lorsqu'ils seront parvenus au but qu'ils se proposent, feront un traité définitif entre eux, sur les bases du présent.

« Art. 14. Les bénéfices des associés seront répartis par moitié entre M. Niepce, en sa qualité d'*inventeur*, et M. Daguerre, pour ses perfectionnements ..

« ... Fait double et signé à Châlon-sur-Saône, le 4 décembre 1829.

« J'approuve, quoique non écrit de ma main,

« J.-N. NIEPCE.

« J'approuve, quoique non écrit de ma main,

« DAGUERRE.

« Enregistré à Châlon, le 13 mars 1830. F. 32, 9e c. et suivantes. Reçu 5 fr. 50 c., 10c compris.

« *Signé* : DUCORDEAUX. »

Niepce ne devait jouir d'aucun des avantages que lui assurait cet acte : il mourut pauvre le 5 juillet 1833, et, lorsque l'Académie reçut de Daguerre, en 1839, la communication de la découverte de Niepce, ce fut, comme nous l'avons dit, le nom de Daguerréotypie, donné à l'invention, qui immortalisa le nom de celui qui s'était borné à perfectionner l'idée première; plus tard, les Chambres votèrent une récompense nationale aux inventeurs : la pension de Daguerre fut de 6,000 fr., tandis qu'on se borna à assurer une rente de 4,000 fr. au fils de Niepce, c'est-à-dire au fils de celui qui avait conçu la pensée première et dont la vie et la fortune avaient été consacrées au développement de cette idée.

Ne soyons pas cependant trop sévères : au moment de faire connaître sa découverte, Daguerre avait avoué que la base du procédé lui avait été indiquée par Niepce. Les hommages qu'il reçut parurent momentanément l'étourdir: le véritable coupable fut donc le public, qui s'obstina à proclamer seul le nom de Daguerre, lorsque les noms de Niepce et de Daguerre auraient dû obtenir une célébrité égale.

Quoi qu'il en soit, le Daguerréotype, puisqu'il faut conserver le nom, obtint tout de suite un succès éclatant. La récompense votée par les Chambres ayant fait tomber l'invention dans le domaine public, il s'établit sur-le-champ un grand nombre d'ateliers, et les procédés ne tardèrent pas à se simplifier. On s'appliqua d'abord à accélérer les opérations et à élargir le champ de l'objectif, on diminua le miroitement, on retoucha les épreuves, on les peignit à l'aquarelle ; bientôt on ne se borna plus à reproduire des portraits, la nature tout entière devint tributaire du Daguerréotype, dont le nom trop personnel se changea en celui de *photographie*, lorsqu'on eut découvert le moyen de produire des *clichés* (en substituant le papier au métal), ce qui permit de tirer des portraits, des vues, etc., en nombre infini d'épreuves, tandis que la plaque daguerrienne ne constituait qu'une épreuve unique.

L'idée première du cliché photographique est due à M. Talbot ; M. Legray et M. Baldus perfectionnèrent le procédé en cirant et en gelatinant le papier, ce qui donna plus de finesse et plus de transparence au cliché ; M. Niepce de Saint-Victor, neveu de Nicéphore Niepce, donna bientôt l'idée de tout un ordre nouveau de perfectionnements en substituant le verre albuminé au papier (1847 et 1848). Vers la même époque M. Ed. Becquerel trouvait le moyen de reproduire sur des plaques argentées, soumises à l'action du chlore, les couleurs du spectre solaire que sir John Herschell avait obtenues sur du papier enduit d'un suc végétal. M. Niepce de Saint-Victor commença de son côté ses belles expériences sur les flammes coloriées, expériences qui aboutiront à l'héliochromie, c'est-à-dire à la représentation des objets avec leurs couleurs naturelles et leurs reflets, non pas appliqués par la main de l'artiste, mais laissés sur les plaques argentées par les rayons du soleil.

Pour grouper autour du nom de M. Niepce de Saint-Victor les principales inventions dont il est l'auteur, ajoutons ici qu'après avoir étudié les propriétés des résines, il présentait, dès le mois de mai 1853, à l'Académie des sciences, une première formule qui fut la base de la gravure héliographique (planches gravées sur acier par la lumière) qui se prête à toutes les applications de la Photographie et qui, rentrant dans les conditions de l'impression, a tant contribué à la vulgarisation de cet art nouveau.

Retournons maintenant de quelques années en arrière et récapitulons avec M. Lacan, qui est un excellent guide (1), les applications successives de l'invention de Niepce et de Daguerre.

Aussi longtemps que les artistes n'avaient eu à leur disposition que le simple Daguerréotype, les épreuves uniques avaient servi à former des albums d'un prix élevé, dans lesquels se réunissaient des vues prises dans diverses contrées; lorsque le procédé des clichés eut permis de multiplier les épreuves, il se forma des collections d'un prix modeste réunissant les curiosités archéologiques, les monuments modernes, les sites pittoresques de tous les pays.

La Photographie devint bientôt l'auxiliaire indispensable des arts : on l'appliqua à l'étude de l'architecture; on reproduisit les chefs-d'œuvre de la statuaire, de la peinture, de la gravure antique. En même temps on l'employa aux besoins de la science, à la géologie, à la botanique, à l'histoire naturelle. Et ici, remarquons-le bien, la Photographie ne se borna pas à une simple reproduction : en

(1) ESQUISSES PHOTOGRAPHIQUES *à propos de l'Exposition universelle.*

adaptant un microscope à sa chambre noire, l'artiste obtient une épreuve amplifiée d'êtres infiniment petits et permet ainsi à l'observateur d'étudier les animalcules qui échappent à la vue.

L'administration de la justice dans divers pays n'a pas tardé à utiliser le concours que pouvait lui donner la Photographie. Si le magistrat découvre le portrait d'un criminel qu'il fait rechercher, on en tire un cliché et bientôt ce portrait, remis à toutes les autorités, permet de suivre les traces du coupable. Si son crime doit entraîner l'extradition, son portrait est transmis aux polices étrangères, et, en débarquant dans un port d'Amérique, un assassin peut être arrêté, sans crainte d'erreur dans la personne, pour un meurtre commis en France ou en Angleterre.

La Photographie a été appliquée avec un grand succès à l'*astronomie*; non-seulement on a obtenu d'excellentes épreuves de la lune, mais on a pu reproduire les diverses phases des éclipses.

L'*industrie* a su s'assimiler les avantages de l'art nouveau. Les orfévres, les bijoutiers, les marchands de bronzes, etc., etc., ont formé des albums qui ont permis d'agrandir le cercle de leur clientèle.

L'invention du *stéréoscope* a offert un puissant concours au daguerréotype, en permettant de reproduire le modèle et le relief des personnes ou des objets à reproduire. C'est surtout dans les portraits stéréoscopiques que cette influence s'est fait sentir.

A côté de l'héliographie sont venues se placer la *panicononographie* qui donne en relief la reproduction des planches gravées en creux, et la *photolithographie*, qui transporte sur pierre les images de la chambre obscure.

Les épreuves *amplifiées* ont obtenu un grand degré

d'exactitude. Afin d'en juger, on a réduit d'abord des objets de certaine grandeur, puis on a amplifié les réductions. Les résultats ont été d'une exactitude mathématique.

Les *vues instantanées* ont prouvé qu'on pouvait saisir et fixer sur le cliché un ensemble de grands mouvements. Quelques épisodes dramatiques de la guerre de Crimée et des scènes d'inondation de la Loire, qui ont paru à l'exposition de 1855, étaient à cet égard d'une vérité saisissante. Plus récemment, à l'exposition de 1861, se sont produites des épreuves instantanées pour stéréoscopes où l'on voit des attelages pris au moment où ils traversaient le champ de l'objectif, avec une netteté parfaite, et des passants reproduits avec une fidélité merveilleuse.

Quelques épreuves reproduites par la *lumière électrique* égalent les épreuves obtenues par la lumière solaire. C'est tout un nouveau système qui se présente à l'étude des physiciens et des chimistes. Nadar a tracé la voie en reproduisant par la lumière électrique les voûtes des Catacombes, où jamais un rayon de soleil n'a pénétré, et en fixant sur des plaques l'aspect féerique des décorations du grand opéra.

Ajoutons enfin que les épreuves au *charbon*, sur papier, sur émail et sur porcelaine tendre, paraissent avoir un caractère d'inaltérabilité qui semble devoir faire préférer bientôt ce procédé à tous les autres.

Quant à l'*héliochromie*, elle a fait des progrès notables. Des spécimens ont été produits sur lesquels toutes les couleurs se trouvent naturellement reproduites, mais jusqu'ici ces couleurs n'ont pu être fixées d'une manière durable; elles s'effacent progressivement pour disparaître d'une manière complète au bout de quelques jours.

A. J.

Observations générales. — Matériel.

Toute personne voulant s'occuper de Photographie, soit en amateur, soit pour en faire profession, devra d'abord se munir du matériel ci-dessous, que nous lui recommandons de se procurer dans de bonnes maisons. Un vieux proverbe dit que « rien n'est si cher que le bon marché; » on ne saurait mieux l'appliquer que lorsqu'il s'agit d'acquérir un bagage de photographe; aussi conseillons-nous, par exemple, de ne pas lésiner sur le prix d'une chambre noire, qu'il ne faut acheter que bien conditionnée, construite en bois très sec avec des châssis et un tirage se manœuvrant facilement.

Notre intention n'est nullement de faire une réclame à qui que ce soit; mais, en indiquant pour l'ébénisterie les établissements de MM. *Relandin*, *Besson* et *Alexis Gaudin*, pour l'optique, les ateliers de MM. *Hermagis*, *Lerebours* et *Secrétan*, pour les accessoires, tels que cuvettes, éprouvettes, articles en verre et en gutta-percha, les maisons *Delahaye* et *Lécu*, et pour les produits chimiques, les laboratoires de MM. *Wittman et Poulenc*, *Laurent et Castelhaz* et *Cayron*, nous croyons rendre un véritable service aux amateurs et leur éviter des écoles parfois fort onéreuses.

ÉBÉNISTERIE ET OPTIQUE.

1 chambre noire avec deux châssis.
1 objectif français.
1 pied d'appareil.
2 boites à glaces.
2 châssis reproducteurs.

ACCESSOIRES.

1 douzaine glaces ou verres rôdés premier choix.

1 appui-tête bien solide.

1 capsule en gutta-percha, soit verticale, soit à recouvrement.

1 crochet en argent vierge, en verre ou en gutta-percha.

7 à 8 cuvettes plates en porcelaine.

1 pèse-sels.

1 éprouvette graduée.

1 carton de bureau pour renfermer les papiers sensibilisés.

4 entonnoirs en verre.

4 — en gutta-percha.

1 entonnoir pour renfermer les épreuves impressionnées.

PHARMACIE.

Ether rectifié.
Alcool rectifié.
Alcool ordinaire.
Coton-poudre.
Iodure de cadmium.
Bromure de cadmium.
Azotate ou nitrate d'argent.
Sulfate de fer pur.
Benjoin.
Tripoli.
Coton cardé.

Acide acétique.
Acide nitrique.
Hyposulfite de soude.
Chlorure de sodium.
Chlorhydrate d'ammoniaque
Acétate de soude.
Chlorure d'or alcalin.
Gomme arabique en poudre.
Cyanure de potassium.
Kaolin.
Eau distillée.

NOTA. La plus grande partie des lecteurs n'étant guère initiée aux mystères de la chimie, nous avons jugé indispensable de résumer en quelques pages la définition, aussi simple que possible, des produits qui concourent à la création du négatif sur collodion, ainsi qu'à la formation de l'épreuve sur papier.

PREMIÈRE PARTIE.

Nous avons cru nécessaire, pour nous rendre bien intelligible, de diviser ce petit traité en deux parties : la première comprendra la série des opérations que nécessite la production de l'épreuve négative sur verre; la seconde, les moyens à employer pour obtenir l'épreuve positive sur papier.

Les operations photographiques comprises dans cette première partie devant se faire presque toutes dans l'obscurité, on devra disposer une place de son appartement en cabinet noir et n'y laisser pénétrer le jour qu'à travers une vitre au-devant de laquelle on aura placé deux morceaux de calicot, l'un de couleur jaune-orange, et l'autre, rouge. Sur une table longue, faisant face à cette lumière jaune qui n'a pas d'influence sur les chlorures et les iodures d'argent, on disposera la capsule ou cuvette pour le bain d'argent destiné à la sensibilisation des glaces enduites de collodion.

Plus loin se trouvera une autre cuvette en porcelaine, le flacon de bain de fer et un autre petit flacon de nitrate d'argent alcoolisé, pour renforcer le négatif, dont nous parlerons au chapitre du développement.

Tout à côté du bain d'argent, on placera le châssis de la

chambre noire dans lequel, après sa préparation, sera déposée la glace sensible. Les boîtes à glaces, ainsi que la cuvette contenant le cyanure de potassium ou l'hyposulfite de soude pour désiodurer, doivent se trouver en dehors du cabinet noir, dans lequel nous recommandons d'avoir toujours sous la main une petite cruche en zinc ou en terre vernissée remplie d'eau, dans le cas où un négatif devrait être lavé pendant le développement.

Puisque nous ne nous occupons, dans cette première partie, que de la formation du négatif sur verre ou sur glace, nous ne donnerons, pour le moment, que les formules des solutions nécessaires à son obtention qui exige :

Un bain sensibilisateur,
Un bain révélateur,
Un bain fixateur.

COMPOSITION DU BAIN SENSIBILISATEUR (1).

Eau distillée	100 cent. cubes.
Azotate ou nitrate d'argent neutre	10 grammes.

Dans un flacon bien propre, faites dissoudre le sel d'argent dans l'eau distillée et ajoutez 4 à 5 grammes de collodion ioduré qui se transforme tout de suite en iodure d'argent. Secouez, laissez reposer pendant quelques heures et filtrez ensuite au papier dans un flacon rincé en dernier lieu avec une petite quantité d'eau distillée.

(1) Au moyen du pèse-sels, on devra de temps en temps s'assurer si les dissolutions d'argent pour négatif, comme pour papier, ne sont pas affaiblies par l'usage ; dans le cas où le pèse-sels ne marquerait plus dix, il faudrait le renforcer en ajoutant du nitrate. Même observation pour le bain de sel, qui doit toujours marquer 5.

L'azotate d'argent à employer pour ce bain doit être bien neutre ; un moyen très simple de s'assurer de la neutralité de ce sel consiste à en faire dissoudre quelques cristaux dans un verre à expériences contenant quelques centimètres cubes d'eau distillée, et de plonger dans la dissolution une bande de papier de tournesol. Si la couleur du papier ne change pas, le produit est bon à utiliser ; si, de bleu qu'il était, le papier vire au rouge, c'est que le nitrate renferme encore des traces d'acide nitrique non lavé. L'azotate d'argent un peu acide, que nous rejetons pour les bains négatifs, peut très bien servir dans les préparations destinées à rendre les papiers impressionnables à la lumière et dont nous parlerons dans la seconde partie.

En hiver, nous faisons notre bain d'argent comme ci-dessus, c'est-à-dire à 10 pour 100 ; en été, des dissolutions à 7 et 8 pour 100 nous donnent les mêmes résultats.

BAINS RÉVÉLATEURS (1).

Eau de pluie ou de fontaine.......	1	litre.
Sulfate de fer pur................	50	grammes.
Alcool ordinaire..................	40	—
Acide acétique....................	40	—

Lorsque le sel est fondu dans l'eau, on ajoute l'alcool et l'acide acétique et on filtre au papier après vingt-quatre heures de repos.

Au lieu de sulfate de fer purifié, qui coûte 1 et 2 fr. le kilogramme, nous nous servons constamment de couperose verte du commerce qui nous donne les mêmes résul-

(1) On fera ce bain en double et l'on ajoutera tous les jours une petite quantité de sulfate de fer neuf au sulfate de fer employé pour entretenir sa puissance de réduction.

tats et que l'on se procure chez les droguistes ou les marchands de couleurs au prix de 20 à 25 cent. le kilo.

BAINS FIXATEURS (1).

N° 1.	Eau de pluie...............	100 cent. cubes.
	Cyanure de potassium......	5 grammes.
N° 2.	Eau de pluie...............	100 cent. cubes.
	Hyposulfite de soude........	20 grammes.

On peut employer, pour fixer ou désiodurer le négatif, c'est-à-dire pour enlever l'iodure d'argent non impressionné par la lumière, l'un ou l'autre de ces deux bains ; nous donnons personnellement la préférence au premier.

Ces différents bains étant soigneusement faits, étiquetés et mis en place, l'opérateur préparera son collodion comme suit : dans un flacon bien propre et passé en dernier lieu à l'alcool ou à l'éther, vous verserez :

Ether rectifié (2).............	35 cent. cubes.
Alcool —	35 —

Ajoutez un gramme de coton-poudre et secouez jusqu'à dissolution. Cette substance que vous venez de former s'appelle collodion normal, c'est-à-dire que, versée sur une glace et mise en contact avec le bain d'argent, elle serait insensible aux rayons lumineux. Pour la rendre photographique, vous devez y ajouter un iodure et un bromure quelconque destinés à former, dans la solution d'azotate, un iodo-bromure d'argent ; nous donnons la préférence

(1) Il devra être ajouté une petite quantité de cyanure à ce bain lorsqu'il désiodurera lentement les négatifs.

(2) Pendant les fortes chaleurs, nous modifions un peu cette formule en mettant l'éther et l'alcool par parties égales.

aux iodure et bromure de cadmium, et dans 100 cent. cubes collodion normal nous introduisons :

Iodure de cadmium.............	1 1/4 gramme.
Bromure —	2/10 —

dont on hâte la dissolution en remuant assez fortement le flacon.

Lorsque le collodion sensibilisé aura reposé pendant quarante-huit heures, vous le décanterez ou le filtrerez au moyen d'un entonnoir en verre dans le fond duquel vous aurez mis un tampon de coton.

Les bains d'argent et le collodion ioduré doivent toujours être tenus à l'abri de la lumière.

Nous donnerons, à la fin du présent traité, différentes formules de collodion préconisées par les meilleurs praticiens, ainsi que le moyen de faire du coton-poudre, produit que nous n'engageons pas l'amateur à fabriquer lui-même, à cause des vapeurs suffocantes que répand le nitrate de potasse en contact avec l'acide sulfurique; on pourra d'ailleurs se procurer facilement du coton-poudre dans le commerce.

On emploie, pour faire les négatifs, soit des glaces minces, soit des verres bien planes désignés verres de premier choix. Leur nettoyage est une des choses les plus importantes, en ce sens qu'un verre malpropre ne vous donnera jamais qu'une épreuve imparfaite, quelles que soient la pureté de votre azotate d'argent et la sensibilité de votre collodion, surtout si la glace a déjà servi, auquel cas vous risquez fort de voir réapparaître une image mal effacée.

On ne saurait trop engager les commençants à apporter tous leurs soins à cette occupation qui semble banale et par trop facile, et que nous pratiquons ainsi : sur une petite table fixée à la muraille, nous posons une planche carrée, d'une dimension plus grande que celle de nos plaques, recouverte de deux ou trois morceaux d'étoffe épaisse fixée sur les bords au moyen de petits clous à tête. Sur cette planche, ainsi garnie, nous mettons à plat la glace à nettoyer sur le centre de laquelle nous versons une petite quantité d'un mélange préparé à l'avance avec :

Eau ordinaire.................. 200 cent. cubes.
Ammoniaque.................. 10 grammes.

et tripoli en quantité suffisante pour former une boue liquide.

Au moyen d'un tampon de coton bien nourri, nous décrivons des petits cercles aussi rapprochés que possible les uns des autres, en ayant soin d'appuyer fortement, et ce pendant deux ou trois minutes, de chaque côté de la glace que nous plaçons ensuite sur champ, contre le mur, pendant que nous allons en dégrossir une seconde.

Lorsque le nombre de verres à nettoyer est atteint, nous procédons au lavage en enlevant, sous le robinet ouvert d'une fontaine, avec l'aide d'un tampon de coton qui ne doit servir qu'à cet usage, le tripoli desséché dont est recouverte la première plaque que nous avons dégrossie. Le tripoli disparu, nous lavons à grande eau pendant 30 ou 40 secondes, faisons égoutter, regardons par transparence pour bien nous assurer de la propreté de notre verre, que nous portons sur une table également fixée au mur et recouverte d'une vieille couverture de laine pliée en deux ou en quatre au-dessus de laquelle se trouve un linge en coton blanc.

Au moyen d'un autre linge, aussi en coton blanc, nous enlevons l'humidité des deux côtés. Un troisième linge blanc nous sert à sécher et à polir en quelque sorte notre plaque sur laquelle nous *hâlons*, pour nous assurer de sa propreté ; si l'haleine fuit sans rencontrer d'impuretés, la glace est bonne à employer et peut être rangée dans la boîte à rainures ; si l'haleine, au contraire, fait apparaître des nuages graisseux ou des lignes circulaires provenant d'un nettoyage trop brutalement fait, nous versons un peu d'alcool ou d'éther sur notre plaque et nous frottons assez vigoureusement, et toujours en rond, avec notre troisième linge converti en tampon jusqu'à complète disparition. Si, en dépit de l'alcool, les impuretés se montraient toujours sous le hâle, le mieux serait de procéder à un nouveau dégrossissage.

Lorsque l'on aura à nettoyer des verres ayant déjà servi, il sera nécessaire de les faire tremper dans une cuvette remplie d'eau pour détacher facilement la pellicule du collodion ; si les verres avaient été vernis, il faudrait les dévernir avec du tripoli mêlé à de l'alcool ou à du vieux collodion que l'on emploierait, avec un tampon de coton, comme s'il s'agissait de faire un décapage.

Nota. Tous les linges en coton blanc dont on se sert pour sécher ne serviront qu'à cet usage et ne seront jamais lavés au savon, mais bien avec de la soude.

DE LA POSE.

Lorsque toutes les préparations que nous venons d'indiquer seront terminées, que chaque chose sera bien à sa place dans le laboratoire, que le collodion sera bien reposé, vous disposerez votre appareil devant l'objet que vous désirez reproduire. S'il s'agit d'un portrait et que vous travailliez en plein air, vous ferez poser le modèle à l'ombre;

si vous pouvez vous faire construire une terrasse vitrée, avec jour venant du nord, vous obtiendrez très-facilement des épreuves qui ne laisseront rien à désirer comme éclairage et comme modelé.

La pose étant une affaire de goût, de sentiment personnel, de moment même, nous ne pouvons donner ici que des conseils généraux, celui, par exemple, d'éviter le trop grand nombre d'accessoires (surtout ceux de couleur claire), qui font tort à la figure en attirant le regard sur des points qui doivent rester secondaires; celui surtout d'éviter les poses maniérées, prétentieuses ou théâtrales dont ont trop abusé certains photographes romantiques.

Lorsqu'une personne vient vous donner séance, priez-la de vouloir bien se placer elle-même dans l'attitude qui lui est le plus naturelle, et, si la pose qu'elle a prise ne vous plaît pas, corrigez-la selon votre bon goût. Dans les poses assises, on évitera les mains à plat sur les genoux et on tâchera de toujours les placer sur un plan correspondant à celui de la tête, afin que les parties principales du modèle soient bien au point, c'est-à-dire se présentant sur la glace dépolie de la chambre noire avec leur maximum de détails.

Recommandez aux dames les toilettes foncées, par exemple les robes de soie ou de moire antique de couleur verte émeraude, brune ou noire. Peu de linge et surtout proscrivez les manches en mousseline blanche unie qui forment d'horribles plaques blanches sans détails tuant l'effet de la tête. Les cols et manchettes en guipure, point d'Alençon et d'Angleterre qui laissent apercevoir l'étoffe sous leur dessin à jour, sont les objets de linge que nous préférons.

Les robes écossaises, à carreaux bleus, violets, verts et

rouges, sont d'excellents costumes pour les enfants et donnent de jolis résultats photographiques.

Les hommes devront éviter les cravates et les gilets clairs; le noir, le vert clair, le brun, le bleu foncé, sont ce qu'il y a de préférable, surtout pour le cou, afin de bien faire détacher la tête. Quand vous faites poser debout, que le haut du corps porte toujours sur une hanche afin que le modèle puisse conserver facilement son attitude pendant la durée de l'opération.

La personne étant en place, vous avancez l'appui-tête avec précaution; il faut que cet instrument, indispensable pour obtenir l'immobilité qui donne aux épreuves cette netteté de détails que l'on admire tant, soit un point d'appui commode pour la tête et non pas un instrument de torture.

Priez aussi ceux qui posent, d'éviter les sourcils froncés, ou la bouche ouverte, qui donnent à la figure un air féroce ou étonné; qu'ils aient, autant qu'ils le pourront, leur visage de tous les jours et qu'ils oublient surtout qu'ils se trouvent devant un objectif.

Le temps d'exposition à la lumière étant très court avec le procédé que nous indiquons dans ce volume, et le modèle pouvant battre la paupière en regardant le point qu'on lui aura indiqué, il ne sera pas difficile d'obtenir des portraits très satisfaisants comme expression.

Quand vous aurez à photographier un groupe de deux personnes, faites-les poser, ou bien toutes deux debout en ayant soin d'approcher le plus près de la lumière celle dont les vêtements ou le teint sont les plus sombres, ou bien l'une assise et l'autre debout, la plus petite, pour éviter le trop grand éloignement des têtes qui produirait un ensemble disgracieux et rendrait difficile la mise au foyer. Si le groupe se compose de trois personnes, faites-en asseoir deux et placez la troisième debout, au milieu, pour former la pyramide.

L'atelier dans lequel on opère devra être peint à la colle dans un ton gris ne fatiguant pas l'œil, ou tapissé avec du papier de fond de couleur neutre et le châssis en bois à placer derrière le modèle tendu en flanelle bleu foncé.

SENSIBILISATION DE LA PLAQUE.

Dans la boîte à rainures où sont classées les glaces nettoyées, vous en saisissez une par le pouce et l'index de la main gauche, et, la plaçant horizontalement devant vous à peu près à la hauteur de l'œil, vous enlevez avec l'aide d'un blaireau plat les poussières ou fils de linge qui pourraient s'y trouver, précaution indispensable pour éviter que le collodion, en rencontrant des impuretés, ne produise des petits trous ou des lignes noires appelées comètes en photographie. De la main droite vous versez sur votre plaque, en commençant par l'angle opposé à celui par lequel vous la maintenez, du collodion en quantité suffisante pour la recouvrir, et, la relevant doucement, vous laissez écouler l'excès du liquide, par un des angles d'en bas, dans le goulot du flacon que la main droite n'a pas abandonné. Bien égouttée la plaque est plongée d'un seul coup dans le bain d'argent. Si vous vous servez d'une cuve verticale, vous poserez la plaque sur le crochet le côté collodionné en dehors et vous abaisserez vivement ; si vous faites usage d'une cuvette à recouvrement, vous soulèverez celle-ci de manière que le liquide, se portant vers le recouvrement, laisse le fond libre pour recevoir la plaque que l'on y dépose à plat et que l'on immerge d'un seul trait, en rendant lestement à la capsule sa position horizontale.

Après quarante ou cinquante secondes, on soulève aux trois quarts avec le crochet la plaque qui, d'incolore qu'elle était avant son entrée dans la dissolution de nitrate, a pris une teinte opaline et présente sur toute sa surface des stries huileuses qui disparaîtront en la laissant séjourner pendant une minute encore dans le bain d'argent. La glace retirée et bien égouttée sera déposée dans le châssis destiné à la recevoir, le côté impressionné en-dessous.

NOTA. Le goulot du flacon de collodion doit toujours être bien essuyé afin d'éviter que les petites pellicules de collodion séchées à l'extérieur ne soient entraînées sur la plaque en versant et ne produisent des accidents.

L'intérieur du châssis doit être sec, et il faut avoir soin, après chaque épreuve, d'éponger avec du papier joseph les quatre angles du cadre sur lesquels porte la glace.

DÉVELOPPEMENT DE L'IMAGE.

Rentré dans l'atelier de pose où vous vérifiez une dernière fois la mise au point, vous substituez au châssis portant la glace dépolie celui qui renferme la plaque impressionnable. Recommandation est faite au modèle de conserver l'immobilité la plus complète, et vous ouvrez avec précaution, d'abord la porte du châssis, ensuite l'obturateur (couvercle) de l'objectif, afin de ne pas imprimer la plus petite secousse à l'appareil. Le temps d'exposition à la lumière jugé convenable, vous rebouchez l'objectif et refermez la porte du châssis, que vous emportez dans la chambre noire pour faire apparaître l'image de la manière suivante :

Dans une cuvette de porcelaine contenant une quantité suffisante de liquide pour recouvrir entièrement une plaque de la grandeur de celle que l'on vient d'impressionner, on plongera tout d'un coup la glace (comme si l'on procédait à la sensibilisation dans une cuvette à recouvrement), en ayant soin d'imprimer un léger balancement à la capsule pour que le liquide se déplace. Au bout de vingt secondes, l'image aura complétement apparu. Vous retirerez alors la plaque et la regarderez par transparence: si les parties fortement éclairées du modèle, telles que la figure et les mains, se marquent en noir très intense, et si les vêtements sont à peine indiqués, c'est que votre épreuve est trop positive, c'est-à-dire que la pose a été trop courte; si au contraire les blancs du modèle sont d'un noir gris uniforme et que les habits trop indiqués sont opaques, c'est que l'épreuve est trop négative, c'est-à-dire que l'exposition à la lumière a été trop longue. L'un et l'autre de ces négatifs pourraient à la rigueur fournir une épreuve sur papier; mais le premier ne donnerait qu'une positive dure, heurtée, sans demi-teintes dans les blancs et sans détails dans les noirs, tandis qu'avec le second on n'obtiendrait au tirage qu'une positive où les blancs seraient gris et où les habits trop détaillés ne seraient plus noirs.

Dans le premier cas, c'est à recommencer et à prolonger la durée de la pose; dans le second, on peut essayer de modifier le négatif en versant à sa surface, comme pour collodionner, quelques gouttes de la solution suivante dans une petite quantité de fer à développer.

Eau distillée....................	100	cent. cubes.
Nitrate d'argent cristallisé.....	10	grammes.
Alcool ordinaire..............	7	id.

En répétant plusieurs fois cette opération, les noirs du négatif peuvent devenir plus intenses; cependant, il est préférable de refaire un autre cliché et de n'essayer du renforcement que lorsque le négatif, venu à temps, n'a besoin que d'un peu de vigueur dans les parties fortement éclairées de l'objet reproduit.

Le développement jugé à point, le cliché sera placé sous le robinet d'une fontaine : on laissera couler de l'eau en quantité suffisante pour bien enlever toutes traces de réduction et on le plongera ensuite dans le bain de fixage. Nous avons dit d'autre part que nous donnions la préférence au cyanure de potassium, fixateur beaucoup plus prompt, mais que nous signalons comme un poison très violent et dans lequel il faut bien se garder de tremper les doigts si l'on avait des envies ou des coupures.

Le négatif, dans cette dissolution, se débarrasse bien vite de cet aspect jaune laiteux provenant de l'iodure d'argent non impressionné par la lumière ; il sera alors lavé à grande eau des deux côtés, et l'on prendra beaucoup de soin pour que l'eau ne puisse s'infiltrer entre la couche de collodion et la glace, ce qui occasionnerait des accidents irréparables, tels que le soulèvement de la couche si le collodion manque de ténacité ou bien si le dégrossissage et le lavage de la plaque ont laissé à désirer.

On le gommera avec une dissolution de gomme arabique préparée à l'avance et filtrée dans la proportion de :

Eau .... 100 cent. cubes,
Gomme arabique en poudre.... 10 grammes,

et on le fera sécher, à l'abri de la poussière, dans un endroit chaud, le côté de l'image retourné vers le mur.

Il pourrait très bien arriver qu'un négatif que l'on supposait assez venu dans le cabinet noir laisse à désirer comme vigueur, examiné au jour.

Deux moyens de renforcement nous ont, dans ce cas, toujours réussi : le premier consiste à verser sur le cliché désioduré et lavé à grande eau une petite partie de la dissolution suivante :

Eau distillée..................	200 cent. cubes.
Deuto-chlorure de mercure	10 grammes.
Acide chlorydrique............	3 id.

L'image, de jaunâtre qu'elle était, passe tout de suite au noir roux. Lavez à grande eau et gommez.

Le second, c'est de renforcer au jour le négatif, désioduré et lavé, avec la dissolution d'argent alcoolisée et de fer mêlés comme cela se pratique dans le cabinet noir; l'image gagne sensiblement en force en très peu de temps. On lave à grande eau, on passe de nouveau le négatif au cyanure, on le relave et on le gomme.

On vernit ordinairement les clichés, soit que l'on veuille les conserver, soit qu'on doive en tirer un certain nombre d'épreuves.

Le vernis que nous employons depuis plusieurs années est le suivant :

Alcool absolu.................	100 cent. cubes.
Benjoin......................	10 grammes.

La dissolution ne tardera pas à se faire et devra reposer quelques heures avant d'être filtrée au coton.

Il sera bon, avant et après l'application du vernis, de faire un peu chauffer la plaque, soit devant du feu, soit au-dessus de la flamme d'une lampe à esprit-de-vin, pour que le vernis reste luisant et ne prenne pas un aspect voilé après dessiccation.

Nous serons peut-être agréable à nos lecteurs en leur

donnant ci-dessous quelques formules de vernis employés par les meilleurs praticiens.

VERNIS A L'AMBRE.

Chloroforme.................. 250 cent. cubes.
Ambre pulvérisé.............. 18 grammes.

On laisse digérer pendant plusieurs jours et on applique à froid.

VERNIS DISDÉRI.

Benzine...................... 100 cent. cubes.
Vernis blanc à tableaux........ 15 grammes.

VERNIS LA BLANCHÈRE.

Alcool à 36°.................... 100 grammes.
Essence de lavande............. 25 id.
Gomme laque choisie et blanche.. 10 id.

Ces deux derniers vernis s'appliquent en chauffant légèrement la glace.

Parmi les vernis du commerce, ceux de MM. Soehnée et Cayron sont les plus recherchés.

DEUXIÈME PARTIE.

TIRAGE DES ÉPREUVES SUR PAPIER.

Ainsi que nous l'avons fait pour le négatif au commencement de ce petit traité, qui n'a d'autre prétention que celle de communiquer aux commençants une méthode aussi simple que possible qui leur permette d'obtenir des résultats, nous allons donner ci-dessous les compositions des bains par lesquels doit passer le papier sur lequel on veut obtenir une impression ou copie du négatif.

On tire les épreuves sur papier salé ou sur papier albuminé; ce dernier se trouvant chez les marchands beaucoup plus beau et à meilleur compte que si on voulait le faire soi-même, nous ne donnerons le moyen de le préparer que comme renseignement, à la fin de ce volume, en engageant tous ceux qui nous liront à se le procurer tout albuminé dans une maison de confiance.

PAPIER SALÉ.

BAIN DE SEL.

Eau de pluie ou distillée .... 100 cent. cubes.
Chlorhydrate d'ammoniaque ou
chlorure de sodium.......... 5 grammes.

Nota. — Avec le chlorure de sodium on obtient plus facilement au virage des tons de gravure à la manière noire.

BAIN D'ARGENT.

Eau distillée.................. 100 cent. cubes.
Nitrate d'argent cristallisé..... 18 grammes.

BAIN DE VIRAGE (1).

Faire dissoudre dans un flacon, d'une part :

Eau distillée.................... 1/2 litre.
Chlorure d'or .... 1 gramme.

(1) Ce bain devra être renouvelé après le virage de vingt à vingt-cinq épreuves plaque entière (18 cent. sur 24).

Dans un autre flacon dissoudre d'autre part :

Eau distillée......................	1/2 litre.
Hyposulfite de soude.............	4 grammes.

Un autre flacon de la capacité d'un litre, et surmonté d'un entonnoir, servira à recevoir ces deux liquides, que l'on y versera en même temps en commençant par le flacon contenant l'hyposulfite pour éviter un précipité noir.

Ces trois bains étant prêts à servir, vous coupez une feuille de papier de Saxe ou Canson, en morceaux de la grandeur du cliché à décalquer en marquant d'une petite croix, faite à l'un des angles de chaque feuille, le côté le plus satiné du papier, très facile à reconnaître au jour. On dispose dans une cuvette en porcelaine le bain de sel en saisissant une des feuilles ci-dessus par les angles diagonalement opposés, on l'y dépose à plat. Il faut avoir bien soin, dans cette opération, de souffler sur les bulles d'air qui pourraient s'être interposées entre le papier et le sel et dont on constatera la présence en soulevant aux trois quarts la feuille par les deux angles d'un même côté. Si certaines parties de la feuille n'avaient pas été impressionnées par le liquide, il ne pourrait se former sur elles du chlorure d'argent lors du placement de la feuille sur la dissolution d'azotate, et ces parties non chlorurées se marqueraient en rouge clair après l'impression.

Au bout de cinq minutes, la feuille est enlevée, suspendue par une épingle piquée dans l'un des angles soit à une latte en bois fixée à quelques centimètres de la muraille, soit à une ficelle que l'on fait traverser horizontalement l'endroit dans lequel on travaille. On sale le papier en pleine lumière, et, pour en hâter la dessiccation, on place en dessous, à l'endroit où elle s'égoutte, un petit morceau

3

de papier buvard. Le papier salé bien sec se pose sur le bain d'argent (mais dans l'obscurité) de la même façon que sur le bain de sel, en y restant le même temps, c'est-à-dire cinq minutes. Suspendu de nouveau, parfaitement séché, il est en état de servir et mis dans une boîte placée dans un endroit bien sec.

Les Photographes allemands préparent le papier salé de la manière suivante. Dans un poêlon en terre vernissée et ne servant qu'à cet usage, on jette :

Arrow-root (fécule), 12 grammes, sur lequel on répand 200 cent. cubes eau distillée additionnée de 20 grammes chlorure de sodium. On fait chauffer jusqu'à ébullition, en ayant soin d'agiter constamment le mélange avec une petite spatule en verre ou une cuiller en argent ne quittant jamais le fond. Pour se servir de cette colle de pâte que l'on a fait refroidir en la renversant sur une assiette, on en prend une petite quantité sur une éponge fine et serrée que l'on promène en décrivant des cercles, comme si l'on voulait dégrossir, sur une feuille de papier mise à plat sur une planche bien plane et fixée aux quatre angles par des punaises (1). Quand la feuille est bien humectée dans toutes ses parties, vous adoucissez ce premier travail, au moyen d'une seconde éponge bien douce et légèrement mouillée d'eau distillée, afin de faire disparaître les stries ou les petites rugosités produites par la matière féculente. La feuille, après dessiccation, est sensibilisée comme le papier salé et sur le même bain d'argent.

Cette préparation donne au papier une grande richesse de ton après le virage et une finesse qui rivalise avec celle des plus beaux papiers albuminés. On trouve du papier

(1) On désigne, sous le nom de punaises, les clous à tête en cuivre dont font usage les dessinateurs et les architectes.

de Saxe enduit d'arrow-root dans les bonnes maisons d'Allemagne, qui tiennent les articles photographiques et particulièrement chez Fessler et Steindorff à Berlin, qui le préparent d'après les conseils et la formule de M. Wothly, un des Photographes les plus remarquables de l'Allemagne, et l'inventeur, croyons-nous, de ce procédé.

Pour obtenir un décalque du négatif, on le posera à plat, le côté de l'image en dessus, sur la glace de la presse à copier, on le recouvrira d'une feuille de papier sensible, le côté de la feuille enduit de chlorure d'argent en contact avec l'image. Entre la porte du châssis reproducteur et le papier à imprimer vous interposez une feuille de buvard pliée en quatre, pour que la pression ne détériore pas le négatif, vous vissez assez fortement pour obtenir un contact bien intime, et vous exposez en pleine lumière. De temps en temps l'épreuve est examinée, en soulevant une des portes de la presse (ceci doit être fait dans un endroit, où le jour n'est pas très vif) et lorsque les noirs commencent à se bronzer, que les blancs deviennent un peu grisâtres, vous en arrêtez le tirage et la placez dans un carton à l'abri de la lumière pour la virer et la fixer, ainsi que nous allons l'indiquer.

Sur une table longue, dans un endroit où ne pénètre qu'un demi-jour, vous rangez à côté les unes des autres cinq cuvettes plates en porcelaine ; la première, la troisième et la cinquième contiennent de l'eau de pompe (indispensable surtout pour la première) ; dans la deuxième est versé le bain de virage, et dans la quatrième le bain fixateur d'hyposulfite de soude, que l'on préparera à l'avance dans les proportions de :

Eau ordinaire.	1 litre.
Hyposulfite.	200 grammes.

On plonge cinq ou six épreuves au plus, grandeur plaque normale, c'est-à-dire 18 cent. sur 24, dans la première cuvette, celle dans laquelle se trouve l'eau de pompe, qui, chargée de sels de chaux, blanchit par suite du précipité formé par l'excès du nitrate, mis en contact avec les sels calcaires. On agite la cuvette pour faciliter cette précipitation et on change l'eau jusqu'à ce qu'elle ne blanchisse plus, c'est-à-dire trois ou quatre fois. (Ces eaux de lavage, contenant une bonne partie de l'argent que renfermait le papier, sont mises à part dans un grand vase en terre et précipitées avec le foie de soufre. Voir pour le traitement des résidus les excellents ouvrages que nous recommandons dans la préface.) L'épreuve est ensuite portée dans le bain d'or que nous faisons tiédir à l'avance pour activer la coloration de l'épreuve, qui passe de suite du rouge brun au brun foncé, puis au noir, teinte à laquelle elle sera retirée, pour entrer dans la troisième cuvette, contenant de l'eau destinée à débarrasser le papier de l'excès de chlorure d'or. Quand nos quatre ou cinq positives sont virées et retirées de cette capsule, dont nous renouvelons l'eau deux ou trois fois, nous les plongeons dans la quatrième (hyposulfite) où elles séjournent pendant quinze à vingt minutes, c'est-à-dire le temps nécessaire à débarrasser la pâte du papier de cet aspect poivré que l'on constate dans l'épreuve, vue par transparence, après quelques instants de séjour dans le fixateur. Au sortir de l'hyposulfite, les épreuves seront transportées dans la cinquième cuvette, dont l'eau devra se renouveler tous les quarts d'heure et au moins une vingtaine de fois avant de les sécher dans un cahier de papier buvard.

On peut hâter le fixage des épreuves, quand la température est froide, en faisant aussi tiédir l'hyposulfite.

Une excellente chose que nous conseillons à tous ceux qui ont une fontaine à leur disposition, c'est d'établir un petit réservoir en zinc ou en bois doublé de zinc que l'on placera sous le robinet. Les épreuves, toujours remuées dans une eau courante que l'on fera écouler par un autre robinet placé au bas de l'un des côtés du réservoir, seront au bout de quatre ou cinq heures parfaitement débarrassées de toute trace de sel et par conséquent très durables.

On tire les épreuves sur papier albuminé de la même manière que sur papier salé ou à l'arrow-root; le bain d'or seul n'est pas le même. Celui qui nous donne les meilleurs est le suivant (1) :

Eau distillée................	1 litre.
Acétate de soude............	25 grammes.

Après dissolution on ajoute

Chlorure d'or...............	1 1/2 gramme.

M. Gustave Legray, photographe des plus distingués et auteur d'un excellent traité de Photographie dont nous recommandons la lecture à tous ceux qui manipulent le collodion, a publié dans la *Revue photographique*, année 1859, un nouveau mode de virage qui, à la composition du bain d'or près, est absolument le même que celui que nous venons de décrire.

Ayant expérimenté ce bain et en ayant obtenu d'excel-

(1) Après le virage de quinze à vingt épreuves plaque normale, on fera bien d'ajouter à ce bain une petite quantité de chlorure d'or dissous dans l'eau distillée que l'on tiendra en réserve pour cet usage. Ce bain, que nous renouvelons de temps en temps, n'a pas besoin d'être filtré, après usage, mais décanté avec précaution dans la cuvette, à cause du dépôt qu'il forme dans les flacons.

lents résultats, nous allons en donner ci-dessous la formule :

Eau distillée.......................... 1 litre.
Chlorure de chaux du commerce en poudre blanche (hypochlorite de chaux)... 3 grammes.

Filtrez et ajoutez 1 gramme chlorure d'or dissous dans 100 cent. cubes d'eau distillée.

M. Bayard, praticien très expérimenté, ajoute à un litre du bain de virage, que nous avons recommandé pour le papier salé, 15 grammes chlorure de sodium ou chlorhydrate d'ammoniaque.

Il ne faut jamais employer de colles devenues acides pour le montage sur carton Bristol des épreuves photographiques ; la colle de pâte fraîchement préparée, ainsi que la dextrine dissoute à froid dans de l'eau légèrement ammoniacale, sont celles que nous recommandons de préférence. Les petits points blancs qui se trouvent sur les épreuves se repiquent très facilement avec un peu d'encre de Chine et d'eau gommée.

NOTA. Les bains d'argent qui servent à la sensibilisation des papiers à l'arrow-root et à l'albumine se salissent bientôt et prennent une couleur d'un brun rougeâtre provenant des encollages du papier qui se dissolvent par l'action du nitrate. Quelques pincées de *kaolin* en poudre ajoutées à un demi-litre de bain suffisent à le décolorer ; il faut bien agiter le flacon et le laisser reposer pendant deux ou trois heures avant de filtrer.

ÉPREUVES DITES POSITIVES SUR VERRE.

On obtient assez facilement ce genre d'épreuves en se servant d'un bain de nitrate d'argent cristallisé à 6 p. 0/0 dans lequel on ajoute par 100 grammes de bain deux grammes de la solution alcoolique suivante (formule van Monckoven) :

Alcool rectifié...............	100	grammes.
Iode.....................	10	id.

On peut se servir du collodion avec lequel on opère pour produire des négatifs; seulement il faudra, pour le développement, un nouveau bain de fer préparé comme pour négatifs dans lequel on ajoutera, par litre, cinq grammes acide nitrique ou sulfurique.

On désiodurera au cyanure de potassium, et l'épreuve bien lavée, gommée et séchée sera recouverte du vernis suivant, qui, dit M. de Brébisson auquel je l'emprunte, se fait en l'exposant à une douce chaleur; il est de plus très siccatif et on doit le filtrer à travers un linge avant d'en faire usage.

Vernis noir pour positifs.

Térébenthine..................	100	grammes.
Bitume de Judée...............	20	id.
Cire blanche..................	4	id.
Noir de bougie................	1 à 2	id.

La durée de l'exposition à la lumière devra être très courte, et l'épreuve, sortie du bain de fer, ne montrer par transparence que les parties fortement éclairées du modèle, telles que le linge, la ligne du nez et le point lumineux de l'œil.

Voici le moyen qu'indique M. van Monckoven pour reporter l'épreuve positive sur toile cirée, et que je copie textuellement dans son excellent traité : « L'épreuve étant « achevée, on l'immerge dans un bain de

Eau..................	100	grammes
Acide sulfurique......	10	id.

« Au bout de quelques minutes la couche tend à se séparer « de la glace ; on l'enlève alors du liquide et on la laisse « égoutter pendant quelques minutes.

« D'un autre côté, on a préparé un morceau de belle « toile cirée bien nettoyée et enduite de gomme. Pour « atteindre ce but, on verse dans une cuvette en porcelaine « une solution de

Eau....................	100	grammes.
Gomme	20	id.

« et on y étend la toile cirée, le côté noir en contact avec « le liquide ; la relevant rapidement, on la sèche par sus- « pension comme le papier. On la coupe alors de dimen- « sion un peu plus grande que l'épreuve sur verre. Cette « dernière encore humide est placée horizontalement sur « une table, puis on étend la toile cirée sur la couche de « collodion ; on facilite l'adhérence en frottant sur la toile « dans tous les sens. La couche de gomme adhérant forte- « ment au collodion facilite l'opération, et il suffit de rele- « ver la toile pour que l'image soit complétement enlevée « du verre. Elle présente un très bel aspect sur le fond « noir de la toile.

« L'épreuve sèche est d'une très grande solidité.

« Le collodion qui nous reste à obtenir des positifs que « nous désirons transporter sur toile cirée, devant être

« moins adhérent à la glace que celui employé pour né-
« gatif, est composé comme suit :

Alcool à 90°	50 cent. cubes.
Ether à 58°....................	100 id.
Coton-poudre..................	3 grammes.
Iodure de cadmium	4 id.

Les dissolutions de nitrate d'argent, qui jouent un si grand rôle en Photographie, laissent en noir les parties du doigt avec lesquelles on est obligé de saisir les glaces ou les papiers sensibilisés. Cela provient de la grande affinité des sels d'argent pour les tissus animaux humides. Voici le moyen d'enlever, sans aucun danger, ces plaques noircies :

Dans alcool	50 grammes.
Faites dissoudre, iode en grains...	5 id.

Imbibez un tampon de ce liquide et frottez-en la partie à dissoudre qui, du noir, passera au jaune orangé, l'iode ayant formé avec l'argent un iodure que l'ammoniaque liquide ou l'hyposulfite de soude fera disparaître complétement.

—

Au début de ce volume, à propos de l'acquisition d'un matériel photographique, nous disions à nos lecteurs que *Rien n'était si cher que le bon marché !*

En terminant notre travail nous citerons un autre proverbe :

C'est en forgeant qu'on devient forgeron.

Donc le commençant, quoique s'étant placé dans les meilleures conditions, ne doit pas espérer produire du premier coup des négatifs complets réunissant les trois qualités de modelé, propreté et vigueur; il faudra qu'il gâche une certaine quantité de collodion avant d'acquérir le tour de main qui fait répandre ce mélange en nappes bien égales sur la plaque, et qu'il recommence plusieurs fois une épreuve non réussie pour cause d'excès ou de manque d'exposition à la lumière. Puis viendra le tour des épreuves tachées, avec des traînées noires coupant la plaque en deux, et, comme bouquet, celui des épreuves voilées, épreuves cependant faites avec des produits qui, la veille, donnaient d'excellents résultats.

En présence des insuccès, l'élève ne doit jamais se décourager, il appellera au contraire le raisonnement à son secours pour découvrir la cause de sa non-réussite, et il y parviendra sans peine s'il a retenu les conseils que nous lui avons donnés dans le courant de cet ouvrage, ainsi que les moyens que nous allons indiquer pour combattre les quelques déboires contre lesquels tous les photographes doivent parfois lutter et que nous divisons en deux catégories: les taches et les voiles.

Épreuves tachées.

Il se présentera des taches sur la surface collodionnée après sensibilisation et réduction :

1° Lorsque le collodion sera trop nouvellement fait ou qu'il contiendra des petites parties d'iodure ou de bromure non dissous.

(Laissez, dans ce cas, reposer et filtrez avant d'en faire de nouveau l'emploi.)

2° Lorsque le collodion versé sur la glace y rencontrera des poussières ou entraînera des pellicules de collodion desséché qui se trouvent toujours près ou dans l'intérieur du goulot.

3° Quand le bain d'argent, non filtré ou mal filtré, ou ayant déjà sensibilisé un certain nombre de glaces dans le courant de la journée, contiendra des petites parties d'iodure qui se détachent de la couche collodionnée pendant la sensibilisation, ou que le bain de fer sera trouble après la réduction de plusieurs épreuves.

4° Si l'intérieur du châssis dans lequel on dépose la plaque après sensibilisation, est malpropre ou humide, c'est-à-dire s'il n'a pas été essuyé ou épongé après chaque épreuve, ainsi que je l'ai recommandé d'autre part; on court le risque dans cette occurrence d'avoir, après réduction, des traînées d'un noir opaque partant des bords de la plaque et la traversant quelquefois dans toute sa surface, surtout si la glace a été mise mal égouttée sur la feuillure du châssis.

Épreuves voilées.

L'épreuve sera voilée quand, plongée dans le bain de fer après la sensibilisation et l'exposition à la lumière, la teinte opaline du collodion change tout d'un coup en gris sale ou en noir, sans laisser apercevoir la moindre trace d'image sous le voile.

Cet insuccès provient d'une réaction alcaline qui s'est formée dans le bain d'argent ou d'un jour qui pénètre, soit dans le laboratoire obscur, soit dans la chambre noire dont une paroi pourrait s'être disjointe légèrement.

Il ne nous est jamais arrivé personnellement que produit par le bain d'argent que nous nous sommes empressé d'écarter, en lui substituant une autre dissolution d'azotate acidulée par l'addition d'*une* goutte d'acide nitrique par *cent* centimètres cubes de liquide.

Au collodion trop épais, s'étendant difficilement et formant au bas de la glace, à l'endroit où l'excédant du mélange s'écoule dans le flacon, des inégalités ayant la forme de petits nuages moutonnés, on ajoute de l'éther et de l'alcool, pour le rendre plus fluide, dans les proportions de 2/3 éther et 1/3 alcool.

Si les quantités pour préparer la formule de celui que nous employons ont été rigoureusement observées, on n'aura pas à craindre :

1° Un collodion trop ioduré, se détachant facilement à la glace, au lavage, et présentant au bain d'argent une surface très opaque ;

2° Un collodion non suffisamment ioduré qui, versé sur la plaque sera d'un ton bleuâtre vu par transparence ;

3° Un collodion ne possédant pas assez de coton-poudre et dont la couche se fendillera dans le bain.

CONCLUSION.

Nous avons signalé presque tous les accidents qui se manifestent dans le procédé de Photographie tel que nous le pratiquons ; l'énumération de la plupart d'entre eux suffit seule à en indiquer le remède. Avec de la persévérance, une très grande propreté et des produits purs achetés chez un chimiste consciencieux et connaissant bien les besoins de la Photographie, nous ne doutons pas que l'élève ne puisse en peu de temps, non pas devenir l'égal de nos célébrités photographiques, mais obtenir des résultats qui l'encourageront à persévérer dans l'étude d'une science élevée par certains praticiens à la hauteur d'un véritable art.

Renseignements sur les principaux produits, termes et accessoires employés en Photographie.

Alcool. — L'alcool est un des agents les plus employés en Photographie; produit liquide, incolore et très-inflammable, il est appelé vulgairement *esprit-de-vin*. On l'extrait des boissons vineuses, du bois, des pommes de terre; le premier seul est employé en Photographie à l'état ordinaire et rectifié.

L'alcool ordinaire (trois-six) est excellent :

1° Pour le nettoyage des glaces;

2° L'alimentation des lampes à esprit-de-vin;

3° Les bains de fer.

On emploie l'alcool rectifié :

1° Pour le collodion;

2° Dans les dissolutions iodurées destinées à sensibiliser le collodion normal;

3° Pour certains vernis;

4° Pour les bains d'argent négatifs dans certains cas.

Albumine. — Corps extrait des œufs ou du sang. On s'en sert pour en enduire les glaces dans le procédé dit à l'albumine, inventé par Niepce de Saint-Victor, ainsi que les papiers sur lesquels on produit, après sensibilisation, l'impression photographique. On obtient l'albumine, pour les besoins photographiques, en battant des blancs d'œufs en neige; on laisse reposer, puis on décante le liquide qui se trouve sous la mousse, liquide que l'on additionne d'eau distillée, dans laquelle on a fait dissoudre de l'iodure de potassium, ceci pour en enduire les glaces que l'on veut rendre sensibles au bain d'acéto-nitrate d'argent.

L'albumine pour les papiers doit être étendue d'eau dans laquelle on a fait dissoudre un sel, soit du chlorure de sodium, soit du chlorhydrate d'ammoniaque, à raison de 5 gr. par 100 cent. cubes de liquide.

Acide acétique. — S'obtient par la fermentation des liqueurs alcooliques (vin, bière, etc.), par la distillation du bois et par la purification de l'acide pyroligneux.

On en fait usage :

1° Pour la solution révélatrice d'acide pyro-gallique ou de sulfate de fer ;

2° Pour les bains d'acéto-nitrate d'argent destinés à la sensibilisation des plaques albuminées ou des plaques collodionnées pour positifs directs.

Quelques gouttes d'acide acétique jetées sur un fer rougi au feu masquent les mauvaises émanations d'un laboratoire.

Acide gallique. — S'extrait des écorces tannantes.

On s'en sert pour :

1° Développer les images négatives dans les procédés sur plaques albuminées, papier sec, et dans le procédé de tirage d'épreuves positives sur papier dit par continuation.

2° Pour renforcer un négatif désioduré (Barreswil et Davanne) sur lequel on versera d'abord une couche d'eau iodée à saturation. Cette opération se faisant en plein jour, il se forme sur la plaque un iodure d'argent susceptible d'être réduit par une dissolution d'acide gallique dans la proportion de 1 gr. par 350 cent. cubes d'eau distillée mélangée à quelques gouttes d'une dissolution faible d'azotate d'argent. Avant de verser l'acide gallique sur la glace à renforcer, avoir soin de bien la laver pour enlever l'excès d'iode.

Acide pyro-gallique. — S'extrait, pour la Photographie,

de l'acide gallique, et signalé pour la première fois comme un puissant réducteur des sels d'argent par M. Regnault, de l'Académie des sciences.

Pour s'en servir, on en fait dissoudre 2 à 3 grammes dans 1 litre d'eau distillée additionnée de 30 à 40 grammes d'acide acétique.

Acide sulfurique. — Vulgairement appelé vitriol. On ne s'en sert guère que pour la préparation du coton-poudre.

Acide nitrique ou *azotique.* — Connu vulgairement sous le nom d'eau-forte. Employé étendu d'eau pour le nettoyage des glaces par certains opérateurs et pour faire le nitrate d'argent.

Acétate de soude. — Produit qui résulte de la combinaissn de l'acide acétique avec la soude. On l'ajoute aux dissolutions de chlorure d'or, qui servent à virer les épreuves sur papier albuminé.

Azotate ou *nitrate d'argent.* — Substance composée, d'un très grand usage en Photographie; c'est un sel blanc qui se trouve dans le commerce à l'état cristallisé, fondu blanc en plaques ou bien en cylindres noirs, ayant la forme de crayons connus sous la dénomination de pierre infernale; sous cette dernière forme, on ne l'emploie guère qu'en médecine pour cautériser. Nous avons indiqué, dans la première partie de ce volume, le moyen de s'assurer de sa neutralité. On produit ce sel en faisant réagir, dans une capsule en porcelaine, de l'acide nitrique sur de l'argent pur jusqu'à complète dissolution; celle-ci étant obtenue, on saisit la capsule avec des pinces et on la présente au feu dans toutes ses parties. Lorsque la matière contenue commence à se boursoufler, on retire le vase et on la verse sur une plaque en marbre ou sur une assiette préalablement chauffées.

Coton-poudre. — On s'en sert pour faire le collodion normal. On le prépare en versant dans un mortier en porcelaine, d'une capacité de 2 litres, 225 gr. azotate de potasse concentré, sur lequel on répand 500 gr. acide sulfurique pur. On agite le mélange avec un pilon en verre pendant cinq ou six minutes sous une cheminée qui tire bien. Au bout de ce temps, la fumée épaisse qui se dégage aura presque cessé et l'on introduira dans le mélange, par petites parties, 25 ou 30 grammes de coton cardé, en ayant bien soin de l'immerger immédiatement. Quand tout le coton sera bien imprégné, on laissera agir pendant 7 ou 8 minutes et l'on renversera le tout dans un baquet rempli d'eau de pompe, que vous renouvellerez jusqu'à ce qu'elle ne rougisse plus le papier tournesol. On hâtera le dégorgement du coton en l'étirant et en le tordant dans l'eau. Lorsque le papier de tournesol ne virera plus au rouge, on fera un dernier lavage à l'eau distillée, on le tordra et on le fera sécher en l'étirant et en l'étendant sur les feuilles de papier buvard. Après entière dessiccation, on conservera dans un flacon à large ouverture et bouché à l'émeri.

Collodion. — Composé d'éther, d'alcool et de coton-poudre, employé dans les hôpitaux (mais beaucoup plus dense que pour la Photographie) pour les brûlures, les plaies et certains pansements.

Ce fut M. Archer, un Anglais, disent les uns, M. Gustave Legray, disent les autres, qui proposa le premier son emploi.

Nous avons donné la formule de celui que nous employons exclusivement. Nous allons, comme pour les vernis, donner quelques formules de collodions préconisés par d'habiles opérateurs.

Collodion Belloc.

Éther sulfurique à 56°.........	80 cent. cubes.
Coton-poudre.................	1 1/2 gramme.
Alcool ioduré................	20 cent. cubes.

On obtient cet alcool ioduré en faisant dissoudre dans 100 cent. cubes alcool à 36° 5 grammes d'iodure de potassium préalablement broyé bien fin dans un mortier.

Collodion à l'iodure d'ammoniaque.

Éther rectifié...............	70 cent. cubes.
Alcool rectifié..............	30 —
Coton-poudre................	1 gramme.
Iodure d'ammoniaque.......	1 1/2 —

Collodion, formule allemande.

Éther rectifié...............	75 cent. cubes.
Alcool rectifié..............	25 —
Iodure de potassium.........	1 1/2 gramme.
Bromure de cadmium.......	3/10 —

Collodion aux iodures d'ammonium et de cadmium.

Éther rectifié...............	65 cent. cubes.
Alcool rectifié..............	35 —
Coton-poudre................	1 gramme.
Iodure d'ammonium..........	0,6 décigrammes.
Bromure d'ammonium.......	0,1 —
Iodure de cadmium..........	0,6 —
Bromure de cadmium.......	0,1 —

NOTA. Quand on a des envies aux doigts, des gerçures ou des coupures aux mains, il est fort désagréable de devoir manipuler des liquides acides ou des poisons violents tels que le cyanure de potassium, qui, pénétrant sur la chair vive, peuvent donner lieu à des phénomènes d'inflammation ou d'intoxication. Il est indispensable d'avoir toujours sous la main un flacon de collodion épais, dit élastique, qu'on fait ainsi :

Éther ordinaire................	50 cent. cubes.
Alcool ordinaire...............	50 —
Coton-poudre jusqu'à saturation.	
Huile de ricin..................	5 grammes.
Gomme ammoniaque...........	2 —

On étend, au moyen d'un pinceau, cette dissolution par couches successives, en ayant soin de favoriser l'évaporation en soufflant sur la partie que l'on recouvre. Après quatre ou cinq couches, la pellicule formée sur l'endroit malade peut obéir à tous les mouvements sans se rompre.

Benzine. — Un des nombreux produits extraits du charbon par la distillation; liquide incolore que l'on emploie dans la composition des vernis.

Chlorhydrate d'ammoniaque. — Sel très soluble dans l'eau et dans l'alcool que l'on dissout dans l'eau distillée pour saler les papiers.

Chlorure de sodium (sel de cuisine). — On en fait le même usage que du précédent.

Chlorure d'or. — Sel solide, très déliquescent, de couleur jaune-orangé, et dont on se sert pour le tirage des épreuves positives sur papier. On obtient ce produit en traitant l'or pur par l'eau régale. Le chlorure d'or bien neutre se trouve chez les bons fabricants de produits chimiques pour Photographie.

Cyanure de potassium. — Poison très violent, dont on

ne doit se servir qu'avec les plus grandes précautions. Ce sel, de couleur blanche, très déliquescent, n'est employé que pour désiodurer les négatifs ou les positifs sur verre.

Dextrine. — Ce produit, dont on fait usage délayé dans l'eau pour coller les épreuves photographiques, s'extrait du froment, dont il est une des parties constituantes.

Éther sulfurique. — Avec l'alcool, un des liquides qu'il importe de se procurer bien rectifié quand il entre dans la composition du collodion. On obtient ce produit, qui est incolore, volatil et très inflammable, en traitant l'alcool anhydre par l'acide sulfurique.

Gutta-percha. — Gomme résine que l'on obtient par incision de l'arbre *Isonandra gutta*, qui croît dans certaines parties de l'Amérique et des Indes. On s'en sert beaucoup pour fabriquer des cuvettes, des entonnoirs, etc., etc.

Hyposulfite de soude. — Sel jouant un rôle très important en Photographie et dont on se sert pour fixer les épreuves sur papier et désiodurer les négatifs et positifs sur verre; il s'obtient par la saturation d'une dissolution chaude du sulfite de soude avec des fleurs de soufre, dissolution qui donne, après refroidissement, des cristaux qui sont de l'hyposulfite de soude. Ce sel, très soluble dans l'eau, est abondant et à très bon compte dans le commerce.

Iodure de cadmium. — Sel blanc en paillettes provenant de la combinaison de l'iode et du cadmium. Il sert à sensibiliser le collodion ainsi que le bromure de cadmium, provenant aussi de la combinaison du brome et du cadmium.

Eau distillée. — Eau débarrassée de toutes substances étrangères par la distillation; cette eau est indispensable pour la préparation des bains d'argent.

Sulfate de protoxide de fer. — Réducteur très actif des sels d'argent, provenant de la combinaison de l'acide sulfurique et du protoxide de fer. On le trouve en grande quantité dans le commerce sous le nom de couperose verte.

Encaustique. — Préparation que l'on obtient en faisant fondre, au bain-marie, de la cire vierge dans de la térébenthine et à laquelle on ajoute une très petite quantité d'une essence odorante. On s'en sert pour lustrer les épreuves en en prenant gros comme un pois sur un morceau de laine roulé autour de l'index et en frottant en rond et vigoureusement sur toute la surface de l'épreuve. L'encaustique, pour être bien réussi, doit avoir la consistance d'une pommade après le refroidissement.

Encollage. — Quand une épreuve doit être coloriée à l'aquarelle, elle doit être enduite de l'encollage suivant que l'on fait tiédir chaque fois que l'on veut s'en servir :

Eau..............................	150 cent. cubes.
Savon blanc râpé...............	5 grammes.
Alun...........................	2 id.
Gélatine.......................	2 id.

Si l'épreuve photographique doit être peinte à l'huile, on applique avant de peindre, sur la surface de l'épreuve, avec un pinceau plat, une dissolution chaude de gélatine filtrée à travers un linge et faite dans les proportions de 10 p. 0/0 de colle sur 100 ou 150 cent. cubes d'eau.

Plaque argentée pour daguerréotypie.— Feuille de cuivre bien plane doublée d'argent ou argentée par le galvanisme que l'on expose, après décapage et polissage, aux vapeurs de l'iode et du brome pour produire à sa surface un iodobromure d'argent. Après exposition à la lumière, on fait apparaître l'image en la plaçant dans une boîte où se dégagent des vapeurs mercurielles; on désiodure à l'hyposulfite de soude neuf et on fixe avec le chlorure d'or dissous dans l'eau distillée.

Chambre noire. — Boîte en bois, de forme carrée, pouvant s'allonger au moyen d'un tirage en bois ou d'un soufflet. A l'une des parois est adaptée une rondelle en cuivre sur laquelle se visse l'objectif, et à une autre paroi, lui faisant face, se trouve le châssis, maintenant la glace dépolie et que l'on remplace dans les opérations photographiques par le châssis contenant la plaque sensible. Les chambres noires sont fixées sur des pieds triangulaires que l'on peut baisser ou élever à volonté.

Objectif. — On appelle ainsi la lentille montée dans un tube en cuivre auquel est adapté un couvercle appelé en termes d'optique obturateur. Les objectifs sont simples ou combinés; on emploie les premiers pour la reproduction des monuments, vues, tableaux, statues, etc., et les seconds pour les portraits. Les disques noirs percés de trous que l'on place quelquefois au-devant de la lentille dans l'intérieur du tube s'appellent diaphragmes et ont pour but de corriger autant que possible l'aberration de sphéricité; ils donnent plus de netteté à l'image, mais forcent l'opérateur à prolonger le temps de l'exposition à la lumière.

Mettre au point, au foyer, c'est-à-dire raccourcir ou allonger le tirage de la chambre noire, afin d'obtenir, sur la glace dépolie, l'image la plus détaillée de l'objet à reproduire. On fait cette opération en jetant sur la chambre noire un drap mis en double et sous lequel on passe la tête.

Stéréoscope. — Petit instrument inventé par Whatestone, qui formula le premier la théorie de la vision binoculaire, Il est trop connu pour en faire la description. Les négatifs pour stéréoscope s'obtiennent ordinairement avec une chambre noire sur le devant de laquelle sont adaptés deux objectifs du même foyer, ayant entre eux un écartement de 8 à 10 centimètres.

Épreuves à fond dégradé. — S'obtiennent très facilement au moyen d'un verre coloré en rouge foncé et dont le centre est incolore et que l'on place à plat sur la glace du châssis reproducteur qui renferme le négatif. Ce genre de portraits imite parfaitement les vignettes. On se procure facilement cet accessoire en Allemagne et en Angleterre.

Collodion sec. — On désigne par ce nom un procédé qui consiste à enduire la plaque de collodion (au sortir du bain d'argent, et après plusieurs lavages à l'eau distillée pour la débarrasser de l'excès de nitrate) avec de l'albumine iodurée (procédé Taupenot) ou une substance gélatineuse ou mucilagineuse, telle que la gélatine, la gomme ou la graine de lin dissoutes dans de l'eau et filtrées. On laisse sécher la plaque à l'abri de la poussière et on la renferme dans une boîte, après dessiccation, pour s'en servir un ou plusieurs jours après. L'exposition à la lumière est plus longue qu'avec le collodion humide et le réducteur n'est appliqué sur la plaque que lorsque celle-ci a été débarrassée de l'enduit protecteur par des lavages.

Photo-lithographie. — Impression d'un négatif pierre lithographique enduite d'un vernis au bitume de Judée. Ce procédé est dû à la collaboration de MM. Lemercier, Lerebours, Barreswil et Davanne.

Gravure héliographique. — Moyen d'imprimer un négatif sur une plaque de cuivre ou d'acier enduite d'une matière organique. M. Charles Nègre a obtenu, dans ces derniers temps, des résultats véritablement extraordinaires.

Portraits cartes de visite. — Format d'épreuves très en faveur actuellement. On fait les négatifs pour cartes au moyen d'un châssis multiplicateur que l'on fait adapter à la chambre noire, ou bien avec un appareil spécial, dit quadrilatère, muni de quatre objectifs qui permettent de prendre huit épreuves en deux poses.

APPENDICE

GALVANOPLASTIE

La Galvanoplastie est de tous les arts chimiques le plus populaire, le plus utile et le plus étendu.

Les premiers essais ont eu pour objet de recouvrir d'une couche adhérente de métal précieux ou non précieux, d'or, d'argent, de cuivre, toute la série des métaux connus. Ces opérations se pratiquent pour conserver les corps susceptibles, comme le fer, de s'oxyder à l'humidité; pour ôter leurs propriétés toxiques à ceux, comme le cuivre, qui forment à l'air des sels vénéneux, enfin pour rendre plus agréables à la vue les ustensiles métalliques qu'on veut approprier aux besoins de nos maisons.

Ce procédé constitue ce qu'on appelle la *dorure* ou *l'argenture galvanique*. Il est depuis longtemps célèbre sous le nom de procédé Ruolz et Elkington. Mais l'argenture ou la dorure électro-chimique ne constitue pas toute la galvanoplastie, bien que les deux branches de cet art ne soient que deux modes différents d'application d'un seul et même principe scientifique, à savoir, que le courant électrique d'une pile de Volta a la propriété d'entraîner avec lui la matière métallique en dissolution et de la déposer de façon à la faire adhérer de toutes parts à la surface du corps dans lequel il pénètre.

De ce que la matière métallique adhère parfaitement à la surface, il résulte qu'elle en reproduit l'empreinte avec la plus grande exactitude et qu'elle pourrait servir de moule pour reproduire l'objet. La connaissance de ce fait a donné à la Galvanoplastie une utilité beaucoup plus étendue que celle de la dorure et de l'argenture, et l'a rendue propre à reproduire un objet d'art, soit même un objet naturel, avec un métal, déposé par voie électro-chimique sur l'original.

Ces deux genres d'opérations n'ont, comme on le voit, qu'un seul principe, l'adhérence du métal sur tous les points du modèle où il est déposé par la pile. Quant à la différence dans l'application de ce principe, elle consiste en ce que le dépôt métallique doit être fixé d'une manière permanente à la surface des corps que l'on dore, tandis que le dépôt ne doit être que momentané sur ceux dont on veut prendre l'empreinte.

Chacun de ces deux points de vue sous lesquels on considère la Galvanoplastie a été l'objet d'une découverte spéciale à des époques différentes. Ainsi la première idée que l'on ait eue de la dorure électro-chimique remonte presque à l'origine de la pile, et elle est due à Volta lui-même.

Au commencement de 1840, M. de la Rive, physicien de Genève, avait inséré dans les Annales de physique et de chimie de France une note dans laquelle il annonçait qu'il était parvenu à dorer des métaux à l'aide du chlorure d'or; il recommandait particulièrement d'employer les sels les plus neutres possible. Le travail de M. de a Rive fut présenté à l'Académie des sciences.

La publicité donnée au travail du physicien de Genève fixa l'attention des doreurs. On vérifia en la répétant la découverte de M. de la Rive, on s'attacha surtout à la loi qu'il avait posée et appliquée, à savoir : l'emploi du chlorure d'or à l'état le plus neutre possible. On se rappela aussi une recommandation de Brugnatelli et l'on employa un sel d'or autre que le chlorure, l'ammoniure par exemple; on consulta les chimistes, on varia les méthodes et on essaya successivement toutes les dissolutions d'or qui présentaient le caractère de la neutralité et de l'alcalinité.

Tout le monde était en quête de cette nouvelle pierre philosophale qui devait pour ainsi dire transformer les métaux, lorsqu'une circonstance inattendue vint arrêter les recherches. Le 9 août 1841, M. de Ruolz lisait à l'Académie des sciences, un mémoire dans lequel il annonçait qu'il venait de découvrir un grand nombre de composés chimiques propres à dorer et argenter les métaux à l'aide de la pile voltaïque, ainsi que les moyens d'obtenir à volonté la précipitation électro-chimique de presque tous les métaux les uns sur les autres. Le 29 novembre suivant, M. Dumas lisait devant la même assemblée un rapport très favorable sur la découverte de M. de Ruolz, et bientôt après l'Institut lui décernait le prix Montyon.

M. de Ruolz avait pris en 1841 un brevet d'invention pour l'emploi au moyen de la pile d'un certain nombre de dissolutions d'or. Une société industrielle avait été formée. Au moment où l'exploitation allait commencer, il fut signifié à M. de Ruolz, en vertu d'un brevet pris en 1840 et qui assurait à un négociant anglais, M. Elkington, la priorité de la découverte, d'avoir à s'abstenir de tout travail de dorure et d'argenture par la pile.

Un procès long et ruineux était imminent, M. Elkington, pour en éviter les risques, acheta à M. de Ruolz, moyennant une somme de 150,000 francs, la faculté d'exploiter seul en France la nouvelle découverte intitulée désormais *procédé Ruolz et Elkington.*

La pile électrique, dont on se sert presque exclusivement en France pour les travaux de la Galvanoplastie, est celle d'Archereau, qui n'est qu'une combinaison des avantages que présentent les deux piles de Grove et de Bunsen. La pièce à dorer est attachée au pôle négatif de cette pile dont les deux pôles plongent dans la dissolution du sel d'or. L'or, sous l'influence du courant voltaïque, vient se déposer au pôle négatif, c'est-à-dire sur la pièce à dorer. Il faut avoir soin d'attacher au pôle positif, qui plonge dans le bain, une lame d'or destinée à remplacer le métal au fur et à mesure de la précipitation. Le sel d'or le plus employé dans la dorure galvanique est le cyanure d'or dissous dans le prussiate jaune de potasse. Le dépôt précipité conserve une adhérence si forte au métal, lors même que la couche d'or est d'une certaine épaisseur, qu'on peut soumettre cette dorure à l'usage du brunissoir.

Les brevets de MM. Elkington et de Ruolz, qui ne semblaient pris que pour la dorure et l'argenture par la pile, furent étendus à l'art entier de la Galvanoplastie et eurent effet quant à la reproduction en métal des types artistiques et naturels dont il nous reste à parler.

Dans l'électro-chimie l'action du courant voltaïque de la pile consiste à prendre l'empreinte fidèle de l'objet et à former une masse métallique d'une épaisseur considérable, qui la rende susceptible de reproduire par contre-épreuve, et en métal aussi solide que du métal fondu, la gravure, le relief et toutes les finesses artistiques du modèle.

Par ce procédé, une planche gravée, une médaille, une coupe, une statuette, un buste, se reproduisent sans autre agent que l'électricité et le temps. On peut dire que la Galvanoplastie est à la sculpture ce que la photographie est au dessin, ce que l'imprimerie est à la pensée. C'est, en un mot, la sculpture, le modelage ou le moulage électrique.

Le fait essentiel de la reproduction en métal de l'empreinte d'un modèle par la Galvanoplastie fut signalé en 1837.

En Angleterre, M. Thomas Spencer, de Liverpool, s'occupant de vérifier les expériences de M. Becquerel sur la formation artificielle des espèces minérales au moyen de faibles courants électriques, agissait avec un seul couple voltaïque dont l'élément cuivre, en forme de disque, plongeait dans une dissolution de sulfate de cuivre et l'élément zinc dans une dissolution de sel marin. Ces deux dissolutions étaient séparées l'une de l'autre par une cloison poreuse de plâtre. Un fil de cuivre qui réunissait les deux métaux était verni avec de la cire à cacheter. Il arriva qu'en vernissant ce fil, M. Spencer laissa tomber sur le disque de cuivre quelques gouttes de cire qui y adhérèrent. Lorsque l'appareil fut mis en action, le cuivre réduit en se déposant sur l'élément négatif vint s'arrêter sur les bords des gouttes de cire. Le physicien comprit l'importance de ce fait que le hasard avait amené. Pour reproduire le fait, M. Spencer prit une plaque de cuivre qu'il couvrit d'un vernis résineux ; sur ce vernis il creusa des lettres avec un burin et soumit la lame de cuivre ainsi préparée à l'action d'un courant voltaïque. Le métal réduit remplit les sillons tirés sur le vernis et forma de véritables caractères typographiques de cuivre en relief. L'année suivante, ce procédé avait été rendu assez pratique pour qu'une planche de cuivre, recouverte de ces caractères en relief et soumise à la presse, donnât des épreuves sur papier.

La deuxième découverte de la reproduction des modèles par la galvanoplastie eut lieu aussi en 1837, à Dorpat, en Russie. Elle eut pour auteur le physicien Jacobi, qui fut, comme M. Spencer, très bien servi par le hasard.

En 1838, au moment où M. Spencer était parvenu à reproduire en creux des médailles et des pièces de monnaie, dont la contre-épreuve était le fac-simile de l'original, Jacobi obtenait en relief l'empreinte d'une plaque en cuivre gravée au burin et d'une étendue assez considérable.

Jacobi laissa bientôt derrière lui le physicien anglais, car il fit, l'année suivante, une découverte de la plus grande importance pour la Galvanoplastie. Il trouva que, lorsqu'on attache le modèle au pôle négatif de la pile et qu'on place au pôle positif une lame du même métal en dissolution dans le bain, cette lame, qu'on a désignée sous le nom d'*anode* ou d'*électrode soluble*, entre elle-même en dissolution dans une proportion à peu près égale à celle qui dans le bain se dépose à la surface du modèle. Cette découverte, eut pour résultat de rendre le procédé plus simple, le succès plus assuré et la durée de l'opération plus courte.

Les procédés de la Galvanoplastie étaient encore loin d'avoir obtenu la perfection, en raison de ce qu'on ne pouvait opérer que sur le cuivre. Les travaux de M. Becquillon, en France, de MM. Massay et Spencer, en Angleterre, de M. Jacobi, en Russie, et de M. Mathiot, en Amérique, firent reconnaître que presque tous les corps sont susceptibles de recevoir le dépôt métallique, pourvu qu'on ait soin de recouvrir préalablement leur surface d'une couche pulvérulente d'un corp conducteur de l'électricité. On a choisi pour cet office la plombagine ou mine de plomb.

Dès lors, au lieu d'opérer uniquement sur un moule métallique, on prit, sur les objets à reproduire, des empreintes en plâtre, et on y effectua les dépôts après les avoir rendues conductrices. Du moule en plâtre, on passa bientôt au moule en gélatine, et enfin à celui de gutta-percha, substance qui paraît le mieux convenir aux besoins de la galvanoplastie. En effet, la gutta-percha est une des matières les plus éminemment plastiques que l'on connaisse. Ramollie par la chaleur, on peut l'adapter de tout point avec l'objet qu'il s'agit de reproduire, et la faire pénétrer par la pression dans les moindres interstices du modèle. Après son refroidissement elle conserve encore assez d'élasticité pour permettre de l'arracher du moule sans nuire à la fidélité et à la délicatesse de l'empreinte. Le moule de gutta-percha ainsi préparé est rendu conducteur de l'électricité par la plombagine, comme nous l'avons dit, et il ne reste plus qu'à le soumettre dans le bain au courant voltaïque.

Quant à la précipitation du cuivre par l'action décomposante de l'électricité, elle s'obtient, comme pour la dorure galvanique, au moyen de la pile ordinaire. On place cette pile au dehors et à proximité du bain, et on en fait plonger les fils conducteurs dans le liquide avec le moule attaché au pôle négatif. Le métal, précipité par la pile voltaïque, se porte à ce pôle et se dépose peu à peu à la surface du moule. Il suffit de quelques jours pour que le moule soit recouvert en entier et l'opération terminée.

Dans les premiers temps de la Galvanoplastie, lorsqu'on voulait reproduire une statue, un buste, on était obligé de mouler partiellement et de réunir ensuite, au moyen d'une soudure, les parties séparées. On peut maintenant obtenir directement et dans un seul bain les objets en ronde bosse, sans soudure ni division du moule. Il n'est pas de limites à la grandeur de la statue que l'on veut reproduire; le dépôt métallique est partout d'une épaisseur uniforme. On peut donner à l'objet telle force qu'on désire et même superposer deux métaux, l'un intérieur, comme le cuivre; l'autre extérieur, comme l'argent. Le conducteur unique est remplacé par un conducteur divisé en un grand nombre de ramifications. Ce faisceau de fils conducteurs en platine, introduits dans le moule, en suivent intérieurement la forme sans y toucher nulle part et y déposent d'une manière uniforme le métal du bain.

La reproduction des monnaies, des médailles, des bas-reliefs et autres objets d'art, n'est pas la seule qu'on puisse obtenir par la Galvanoplastie. M. Gervaisot est parvenu à reproduire au cuivre des fleurs et des plantes naturelles.

L'Exposition universelle de 1855 a révélé d'importants progrès dans l'application de la Galvanoplastie à la typographie et à la gravure. Ces progrès sont dus à M. le conseiller Auer, directeur de l'imprimerie impériale de Vienne. Dans l'état ancien, lorsqu'un type ou un caractère était devenu rare, on n'avait pas d'autre moyen pour le renouveler que d'en faire graver à grands frais une matrice nouvelle. Aujourd'hui, un seul caractère bien conservé suffit pour donner, au moyen des procédés électro-chimiques, une matrice nouvelle, à l'aide de laquelle le fondeur peut à bas prix mettre à la disposition de l'imprimeur toute une collection de caractères.

On n'a plus à craindre, maintenant, de voir une planche gravée se détériorer après un tirage considérable. En conservant cette planche comme matrice on peut en multiplier à l'infini les clichés, que la gravure soit sur cuivre, sur acier ou sur bois. Lorsqu'on craint d'altérer dans le bain l'œuvre originale, on en prend le moule avec la gélatine ou la gutta-percha que l'on rend conductrice de l'électricité au moyen d'une légère couche de plombagine.

La pratique de la Galvanoplastie est peu coûteuse. Un appareil simple, propre à donner des dépôts électro-chimiques, se compose essentiellement de la solution de sulfate de cuivre au sein de laquelle plonge un *diaphragme* ou vase poreux qu'on emplit d'une solution d'acide sulfurique, capable d'attaquer et de dissoudre le fer ou le zinc qu'on y introduit, lequel fer ou zinc communique par un corps métallique avec l'objet qu'il s'agit de recouvrir et qui est déposé dans le bain. Le meilleur appareil sera toujours celui dans lequel les surfaces de zinc attaquées seront non-seulement en rapport de dimensions, mais encore parallèles avec celles destinées à recevoir le dépôt.

Pour commencer on peut se fabriquer à peu de frais un appareil simple qui convient parfaitement au revêtement en cuivre de petites surfaces planes ou à la reproduction des médailles ou bas-reliefs de petites dimensions. On place la solution de sulfate de cuivre dans un seau de grès, de faïence ou de porcelaine, au centre duquel on dépose un diaphragme en terre poreuse ou porcelaine dégourdie. Dans ce dernier on introduira l'eau ordinaire aiguisée de 2 ou 3 centièmes d'acide sulfurique et d'un centième de sel a amalgamer. On immergera dans ce liquide un cylindre de zinc, muni d'une galerie circulaire de laiton qui sera soudée par quatre encoches traversant les deux diamètres du cercle qui forme croisillon. De cette façon il sera facile de suspendre à cette couronne un plus ou moins grand nombre d'objets, qui, soutenus par le fil de laiton, viendront plonger dans le bain de manière que la face à couvrir regarde le diaphragme. Deux petits sacs de crin, remplis de sulfate de cuivre, seront suspendus au rebord extérieur du seau.

Lorsqu'on veut faire de la Galvanoplastie en grand et qu'il s'agit de recouvrir de vastes surfaces planes, le bain doit être contenu dans une cuve longue en bois, doublée à l'intérieur de gutta-percha ou de toute autre substance imperméable. Au centre de la cuve, et dans le sens de sa longueur, on disposera une rangée de diaphragmes très-rapprochés les uns des autres et réunis chacun à leur cylindre de zinc. Chaque cylindre portera une vis dont la tête viendra s'engager dans un ruban métallique très mince qui reliera ainsi tous les zincs entre eux et s'appuiera par ses extrémités sur le rebord de la cuve, entièrement doublé lui-même d'une lame de cuivre. Il est facile de comprendre qu'une tringle chargée d'objets placés longitudinalement sur la cuve établira par ses points de contact, sur le rebord, la relation de ces mêmes objets, avec les zincs producteurs du courant galvanique.

Si l'on dispose une tringle ainsi chargée de chaque côté de la cuve, on utilisera toute la surface du zinc attaqué. Il sera même facile d'obtenir un effet double en mettant dans le bain deux rangées de diaphragme au lieu d'une. De cette façon on pourra recouvrir une surface de chaque côté de la cuve, et deux autres surfaces placées dos à dos et plongées dans l'intervalle laissé libre entre les deux files de diaphragmes.

Si au lieu de surfaces planes il s'agit d'objets en ronde bosse, comme des bustes, des statuettes, on aura recours à une cuve circulaire dont les diaphragmes, tapissant les parois, laisseront au centre un espace vide, que devra occuper l'objet à recouvrir. Il faut retourner l'objet de temps à autre, quelle que soit sa forme, afin que les parties supérieures deviennent à leur tour inférieures, car les portions les plus profondes du bain sont celles qui donnent le dépôt le plus abondant, ce qui s'explique par la différence de densité des couches plus ou moins chargées de sulfate.

En tous cas, il est important, si l'on opère sur des surfaces métalliques, que celles-ci soient parfaitement nettoyées, mises à nu, décapées dans l'acide nitrique ou sulfurique.

Le courant électrique ne doit pas être trop intense; il donne lieu dans ce cas à des dépôts grenus non adhérents. La pratique enseigne bien vite à modérer convenablement l'électricité.

www.ingramcontent.com/pod-product-compliance
Ingram Content Group UK Ltd.
Pitfield, Milton Keynes, MK11 3LW, UK
UKHW021647260726
13994UKWH00003B/1314